Impressum
Verlag: BABADADA GmbH, Nedderfeld 112 , 22529 Hamburg
Geschäftsführer / Verlagsleitung: Harald Hof
Druck: Books on Demand GmbH, In de Tarpen 42, 22848 Norderstedt

Imprint
Publisher: BABADADA GmbH, Nedderfeld 112 , 22529 Hamburg, Germany
Managing Director / Publishing direction: Harald Hof
Print: Books on Demand GmbH, In de Tarpen 42, 22848 Norderstedt, Germany

kool

בית ספר

klassiruum
כיתה
jagama
חילק
186/2
tahvel
לוח
koolihoov
õpetaja
מורה
paber
נייר
kirjutama
כתב
pastapliiats
עט
kirjutuslaud
שולחן עבודה
joonlaud
סרגל
raamat
ספר
õpilane
תלמיד

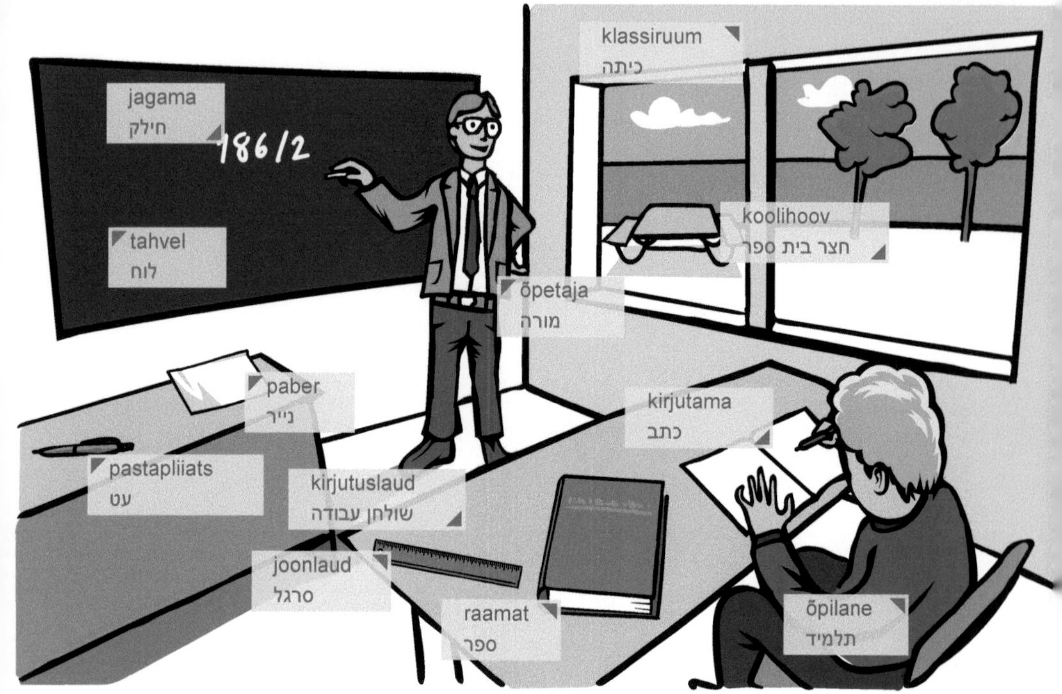

koolikott
ילקוט

pinal
קלמר

harilik pliiats
עיפרון

pliiatsiteritaja
מחדד

kustukumm
גומי מחיקה

joonistusplokk
חוברת סרטוט

joonistus

סרטוט

pintsel

מברשת

värvikarp

קופסת צבעים

käärid

מספריים

liim

דבק

töövihik

ספר תרגול

kodutöö

שיעור בית

12

number

מספר

2+2

liitma

חיבר

5-2

lahutama

חיסר

2×2

korrutama

הכפיל

arvutama

חישב

A

täht

אות

ABCDEFG
HIJKLMN
OPQRSTU
VWXYZ

tähestik

אלפבית

sõna

מילה

tekst

טקסט

lugema

קרא

kriit

גיר

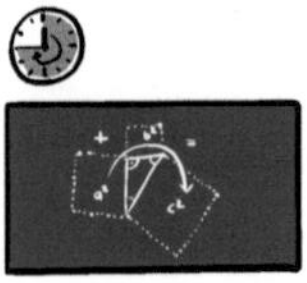

koolitund

שיעור

klassipäevik

יומן נוכחות

eksam

מבחן

tunnistus

תעודה

koolivorm

תלבושת בית ספר

haridus

חינוך

entsüklopeedia

אנציקלופדיה

ülikool

אוניברסיטה

mikroskoop

מיקרוסקופ

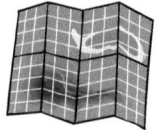

kaart

מפה

paberikorv

סל נייר

reisimine

נסיעה

hotell
מלון
hostel
הוסטל
ROOMS
CHANGE
valuutavahetuspunkt
המרת מטבע
kohver
מזוודה
auto
אוטו

keel
שפה

jah / ei
כן / לא

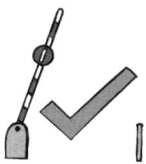

okei
בסדר

Tere!
שלום

tõlk
מתרגם

Aitäh!
תודה

Kui palju maksab ...?

כמה עולה.....?

Ma ei saa aru

אני לא מבין

probleem

בעיה

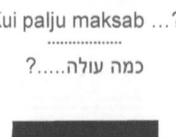

Tere õhtust!

ערב טוב!

Tere hommikust!

בוקר טוב!

Head ööd!

לילה טוב!

Head aega!

להתראות

suund

כיוון

pagas

כבודה

kott

תיק

seljakott

תרמיל גב

külaline

אורח

tuba

חדר

magamiskott

שק שינה

telk

אוהל

turismiinfo

מרכז מידע לתיירים

rand

חוף ים

krediitkaart

כרטיס אשראי

hommikusöök

ארוחת בוקר

lõunasöök

ארוחת צהריים

õhtusöök

ארוחת ערב

pilet

כרטיס

lift

מעלית

postmark

בול

riigipiir

גבול

toll

מכס

saatkond

שגרירות

viisa

אשרה

pass

דרכון

transport
תחבורה

lennuk
מטוס
laev
אונייה
tuletõrjeauto
כבאית
buss
אוטובוס
veoauto
משאית
mootorpaat
סירת מנוע
jalgratas
אופניים
auto
אוטו

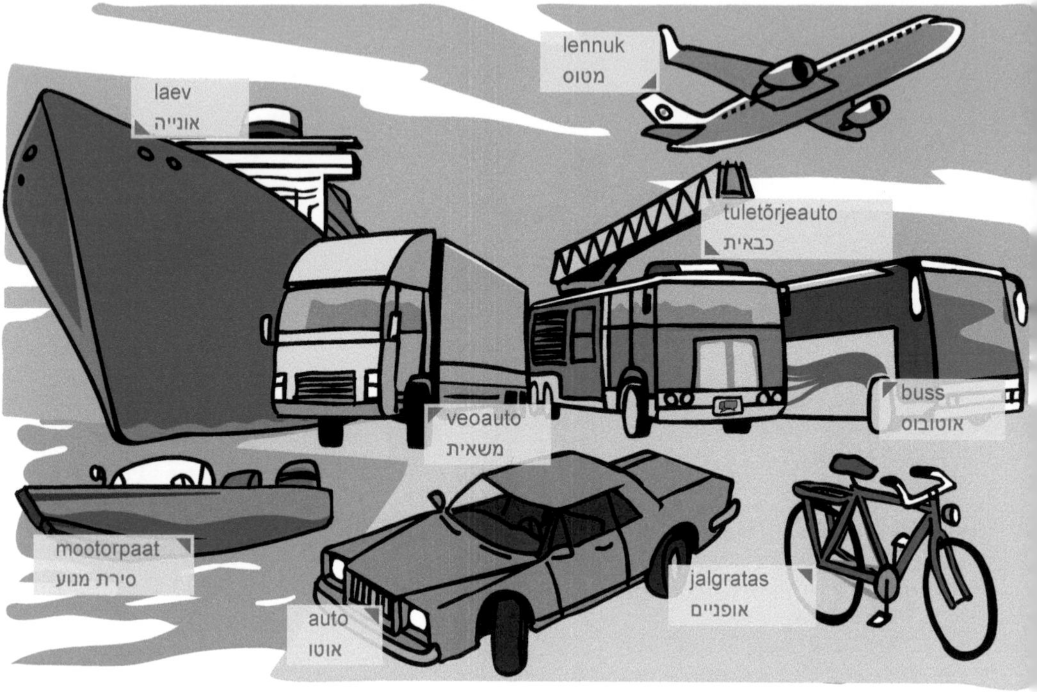

praam
מעבורת

paat
סירה

mootorratas
אופנוע

politseiauto
ניידת משטרה

võidusõiduauto
מכונית מרוץ

rendiauto
רכב שכור

ühisauto

מכוניות בשיתוף

puksiirauto

אוטו גרר

prügiauto

משאית זבל

mootor

מנוע

kütus

דלק

tankla

תחנת דלק

liiklusmärk

תמרור

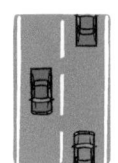

liiklus

תנועה

liiklusummik

פקק תנועה

parkla

חניה

raudteejaam

תחנת רכבת

rööpad

פסי רכבת

rong

רכבת

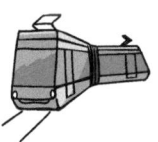

tramm

רכבת קלה

vagun

קרון

helikopter

מסוק

lennujaam

שדה-תעופה

torn

מגדל

reisija

נוסע

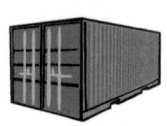

konteiner

קונטיינר

pappkast

קרטון

käru

עגלה

korv

סל

õhku tõusma / maanduma

המראה / נחיתה

linn

עיר

küla

כפר

kesklinn

מרכז העיר

maja

בית

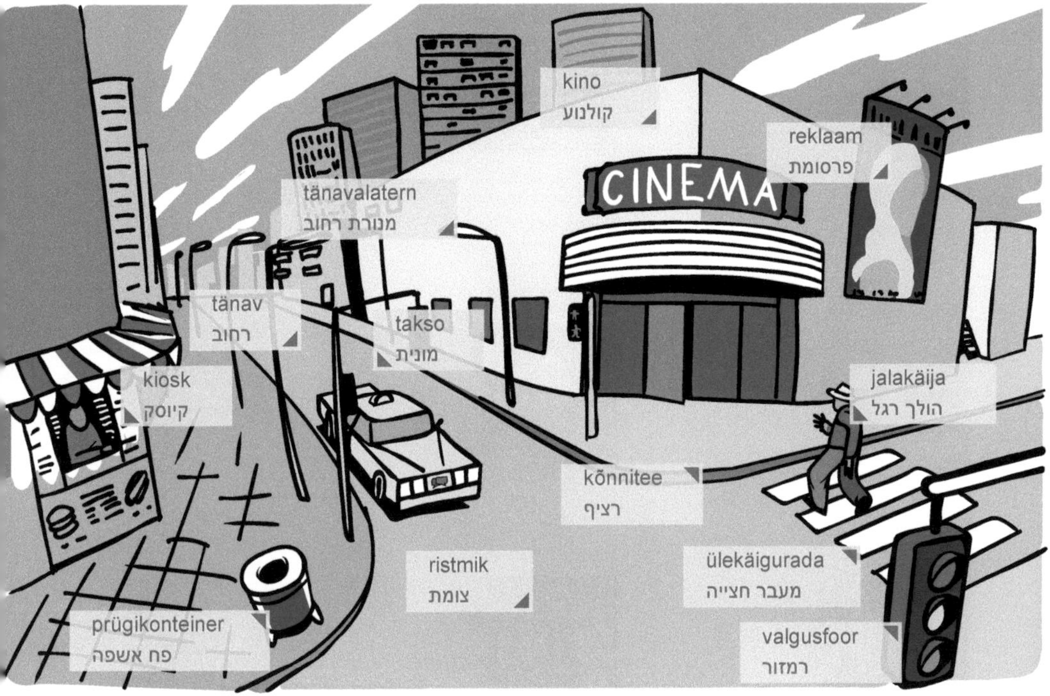
kino
קולנוע
CINEMA
reklaam
פרסומת
tänavalatern
מנורת רחוב
tänav
רחוב
takso
מונית
kiosk
קיוסק
jalakäija
הולך רגל
kõnnitee
רציף
ristmik
צומת
ülekäigurada
מעבר חצייה
prügikonteiner
פח אשפה
valgusfoor
רמזור

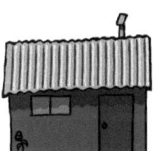

osmik

בקתה

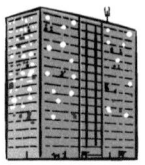

kortermaja

דירה

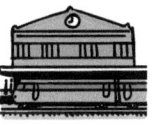

raudteejaam

תחנת רכבת

raekoda

עירייה

MUSEUM

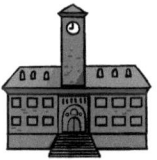

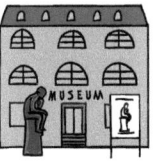

muuseum

מוזיאון

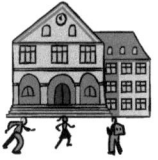

kool

בית ספר

ülikool

אוניברסיטה

pank

בנק

haigla

בית חולים

hotell

מלון

apteek

בית מרקחת

kontor

משרד

raamatupood

חנות ספרים

kauplus

חנות

lillepood

חנות פרחים

supermarket

סופרמרקט

turg

שוק

kaubamaja

כל-בו

kalapood

מוכר דגים

kaubanduskeskus

קניון

sadam

נמל

park

פארק

pink

ספסל

sild

גשר

trepp

מדרגות

metroo

רכבת תחתית

tunnel

מנהרה

bussipeatus

תחנת אוטובוס

baar

בר

restoran

מסעדה

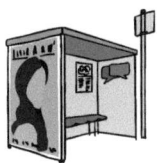

postkast

תא דואר

tänavasilt

שלט רחוב

parkimisautomaat

מדחן

loomaaed

גן חיות

ujula

בריכת שחיה

mošee

מסגד

talu

חווה

reostus

זיהום

surnuaed

בית עלמין

kirik

כנסייה

mänguväljak

מגרש משחקים

tempel

בית מקדש

maastik

נוף

leht
עלה

teeviit
תמרור

tee
דרך

aas
מרעה

kivi
אבן

puu
עץ

matkaja
מטייל

jõgi
נהר

rohi
דשא

lill
פרח

org

בקעה

mägi

הר

järv

אגם

mets

יער

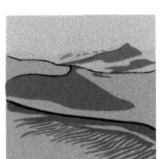

kõrb

מדבר

vulkaan

הר געש

linnus

טירה

vikerkaar

קשת בענן

seen

פטריה

palm

דקל

sääsk

יתוש

kärbes

זבוב

sipelgas

נמלה

mesilane

דבורה

ämblik

עכביש

mardikas

חיפושית

konn

צפרדע

orav

סנאי

siil

קיפוד

jänes

ארנב

öökull

ינשוף

lind

ציפור

luik

ברבור

metssiga

חזיר בר

hirv

צבי

põder

אייל הקורא

pais

סכר

tuuleturbiin

טורבינת רוח

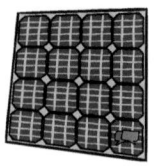

päikesepaneel

פנל סולארי

kliima

אקלים

restoran

מסעדה

kelner
מלצר
menüü
תפריט
tool
כסא
supp
מרק
pitsa
פיצה
söögiriistad
סכו"ם
laudlina
מפת שולחן

eelroog

מנת פתיחה

pearoog

מנה עיקרית

magustoit

קינוח

joogid

שתיות

toit

אוכל

pudel

בקבוק

kiirtoit

מזון מהיר

tänavatoit

אוכל רחוב

teekann

קנקן תה

suhkrutoos

מסכרת

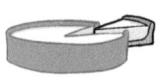

portsjon

מנה

espressomasin

מכונת אספרסו

lastetool

כסא תינוק

arve

חשבון

kandik

מגש

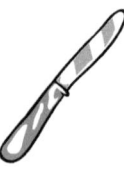

nuga

סכין

kahvel

מזלג

lusikas

כף

teelusikas

כפית

salvrätik

מפית

klaas

כוס

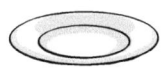

taldrik

צלחת

supitaldrik

קערת מרק

alustass

תחתית

kaste

רוטב

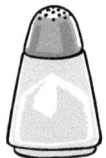

soolatoos

מלחייה

pipraveski

מטחנת פלפל

äädikas

חומץ

õli

שמן

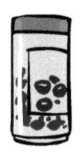

vürtsid

תבלינים

ketšup

קטשופ

sinep

חרדל

majonees

מיונז

supermarket

סופרמרקט

eripakkumine
מבצע
FOR
klient
לקוח
piimatooted
מוצרי חלב
puuviljad
פירות
ostukäru
עגלת קניות

lihapood

אטליז

pagariäri

מאפייה

kaaluma

שקל

köögiviljad

ירקות

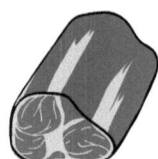

liha

בשר

külmutatud toit

מזון קפוא

lihalõigud

....

בשר קר

konservid

....

שימורים

pesupulber

....

אבקת כביסה

maiustused

....

ממתקים

majatarbed

....

מוצרי בית

puhastustooted

....

חומר ניקוי

müüja

....

מוכרת

kassaaparaat

....

קופה

kassapidaja

....

קופאי

ostunimekiri

....

רשימת קניות

lahtiolekuajad

....

שעות פתיחה

rahakott

....

ארנק

krediitkaart

....

כרטיס אשראי

kott

....

תיק

kilekott

....

שקית נילון

joogid

שתיות

vesi

מים

mahl

מיץ

piim

חלב

koola

קולה

vein

יין

õlu

בירה

alkohol

אלכוהול

kakao

קקאו

tee

תה

kohv

קפה

espresso

אספרסו

cappuccino

קפוצ'ינו

banaan

בננה

õun

תפוח

apelsin

תפוז

arbuus

אבטיח

sidrun

לימון

porgand

גזר

küüslauk

שום

bambus

במבוק

sibul

בצל

seen

פטריות

pähklid

אגוזים

nuudlid

אטריות

spagetid

ספגטי

riis

אורז

salat

סלט

friikartulid

צ'יפס

praekartulid

צ'יפס

pitsa

פיצה

hamburger

המבורגר

võileib

כריך

šnitsel

שניצל

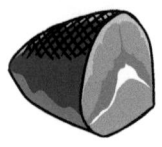

sink

שינקין

salaami

סלאמי

vorst

נקניקיה

kana

עוף

praeliha

טיגון

kala

דג

kaerahelbed

שיבולת שועל

müsli

מוזלי

maisihelbed

קורנפלקס

jahu

קמח

sarvesai

קרואסון

kukkel

לחמנייה

leib

לחם

röstsai

טוסט

küpsised

עוגיות

või

חמאה

kohupiim

גבינה לבנה

kook

עוגה

muna

ביצה

praemuna

ביצת עין

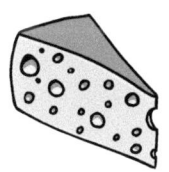

juust

גבינה

jäätis

גלידה

suhkur

סוכר

mesi

דבש

moos

ריבה

pähklivõie

ממרח נוגט

karri

קארי

talu
חווה

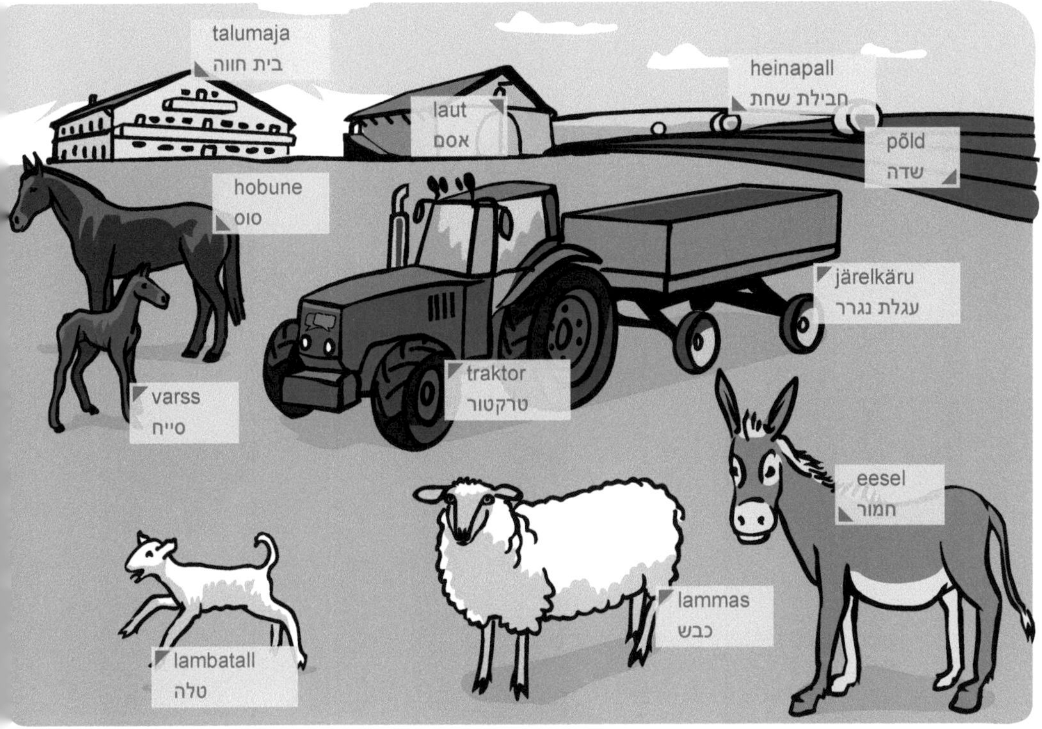
talumaja
בית חווה
laut
אסם
heinapall
חבילת שחת
põld
שדה
hobune
סוס
järelkäru
עגלת נגרר
traktor
טרקטור
varss
סייח
eesel
חמור
lammas
כבש
lambatall
טלה

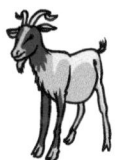

kits

עז

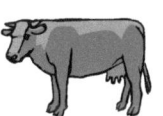

lehm

פרה

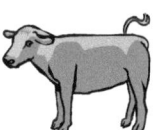

vasikas

עגל

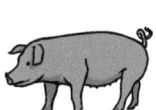

siga

חזיר

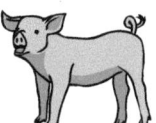

põrsas

חזרזיר

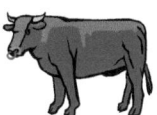

pull

שור

hani

אווז

part

ברווז

tibu

אפרוח

kana

תרנגולת

kukk

תרנגול

rott

חולדה

kass

חתול

hiir

עכבר

härg

שור

koer

כלב

koerakuut

מלונה

aiavoolik

צינור השקיה

kastekann

קנקן מים

vikat

חרמש

ader

מחרשה

sirp

מגל

kõblas

מגרפה

hang

קלשון

kirves

גרזן

käru

מריצה

küna

שוקת

piimanõu

כד חלב

kott

שק

tara

גדר

tall

אורווה

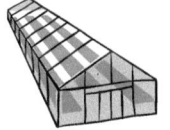

kasvuhoone

חממה

muld

אדמה

seeme

זרע

väetis

דשן

kombain

מקצרה

saaki koristama

קצר

saagikoristus

קציר

jamss

בטטה אפריקנית

nisu

חיטה

soja

סויה

kartul

תפוח אדמה

mais

תירס

raps

קנולה

viljapuu

עץ פירות

maniokk

קסבה

teravili

דגנים

maja

בית

korsten
ארובה
katus
גג
vihmaveetoru
מרזב
aken
חלון
garaaž
מוסך
uksekell
פעמון
uks
דלת
prügikast
פח אשפה
postkast
תיבת מכתבים
aed
גינה

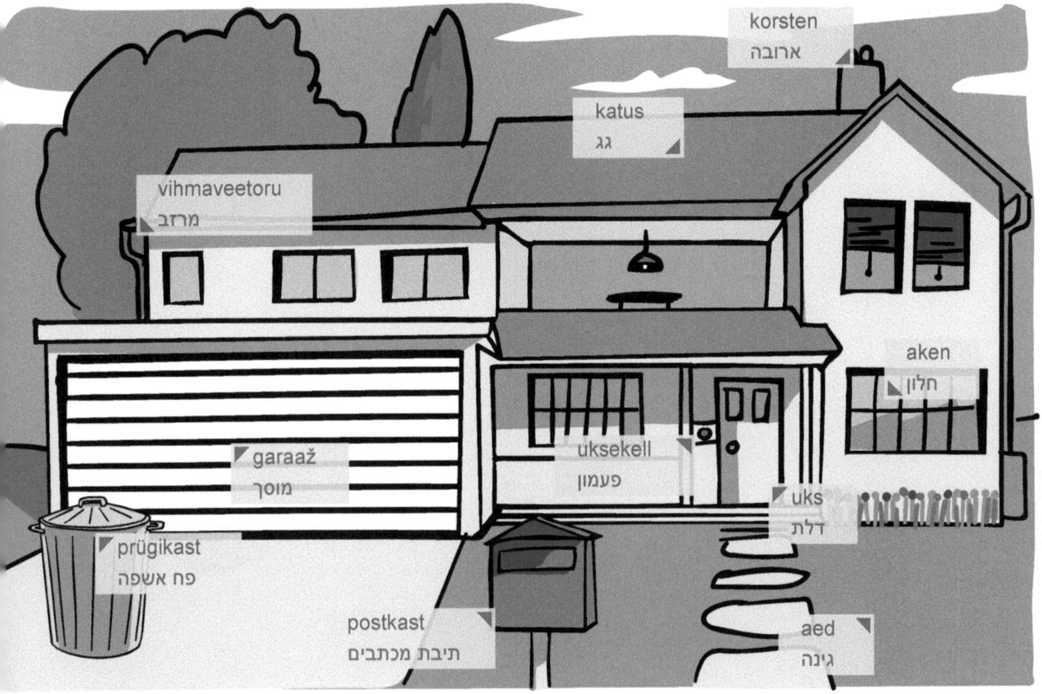

elutuba

סלון

vannituba

חדר אמבטיה

köök

מטבח

magamistuba

חדר שינה

lastetuba

חדר ילדים

söögituba

חדר אוכל

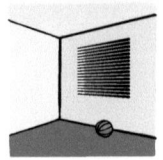

põrand

רצפה

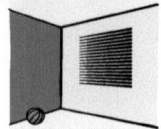

sein

קיר

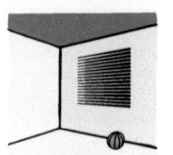

lagi

תקרה

kelder

מרתף

saun

סאונה

rõdu

מרפסת

terrass

מרפסת

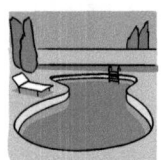

bassein

בריכה

muruniiduk

מכסחת דשא

voodilina

סדין

päevatekk

כיסוי מיטה

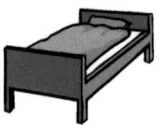

voodi

מיטה

luud

מטאטא

ämber

דלי

lüliti

מפסק

elutuba
סלון

tapeet
טפט
pilt
תמונה
lamp
מנורה
riiul
מדף
kapp
ארון
televiisor
טלוויזיה
kamin
אח
lill
פרח
padi
כרית
diivan
ספה
vaas
אגרטל
kaugjuhtimispult
שלט רחוק

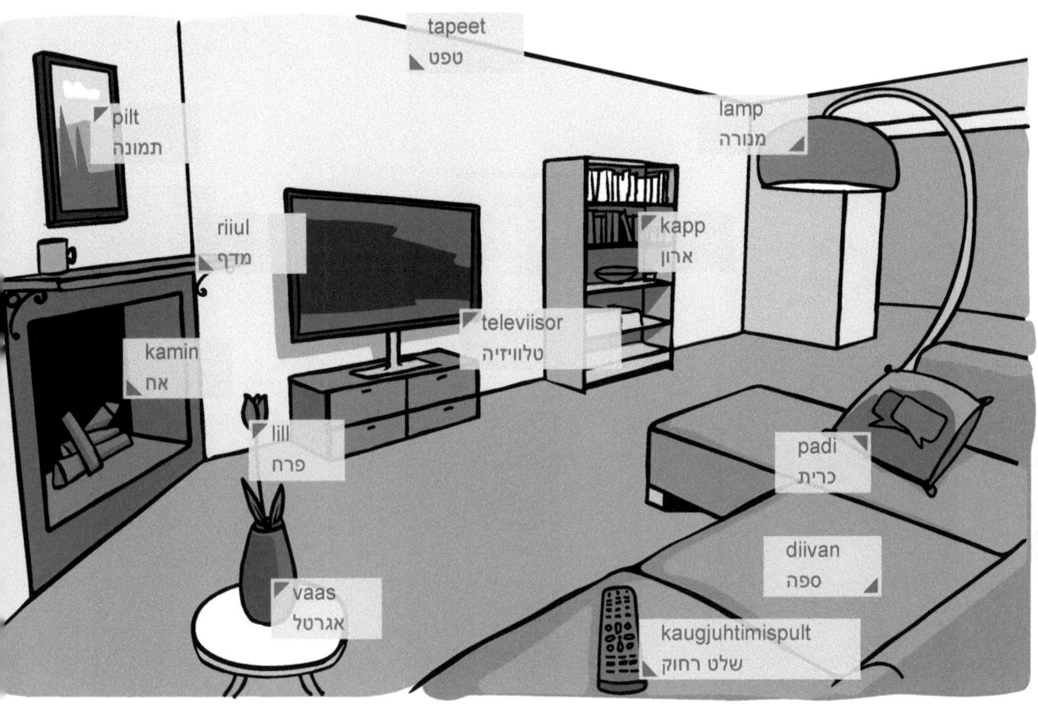

vaip

שטיח

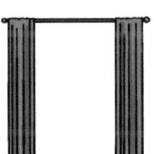

kardin

וילון

laud

שולחן

tool

כסא

kiiktool

כיסא נדנדה

tugitool

כורסה

raamat

ספר

tekk

שמיכה

kaunistus

דקורציה

küttepuud

עצי הסקה

film

סרט

helisüsteem

מערכת סטריאו

võti

מפתח

ajaleht

עיתון

maal

ציור

plakat

פוסטר

raadio

רדיו

märkmik

מחברת

tolmuimeja

שואב אבק

kaktus

קקטוס

küünal

נר

köök
מטבח

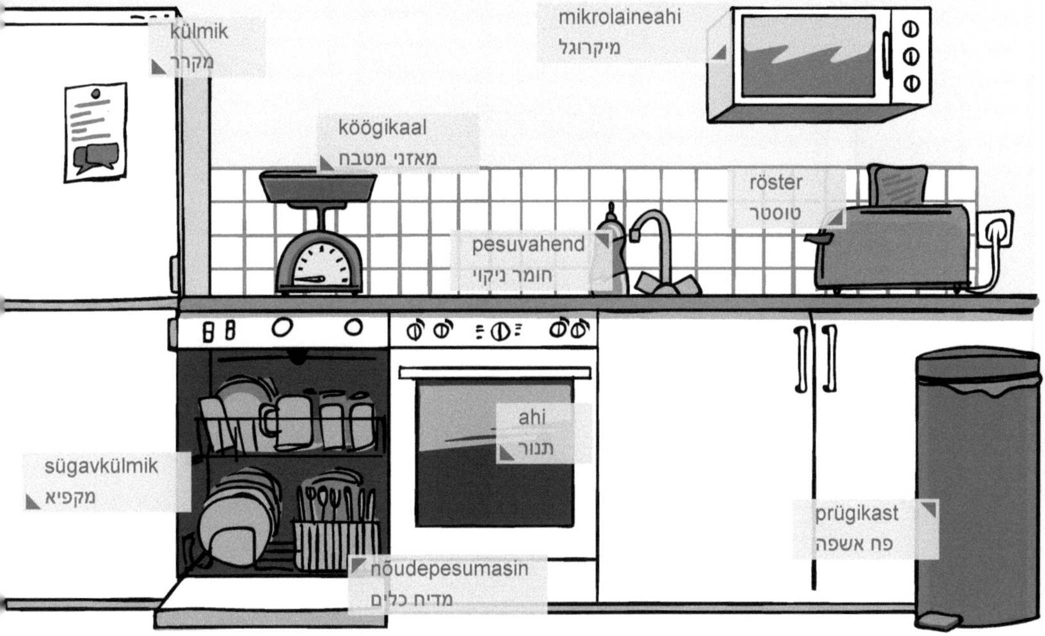

külmik
מקרר
mikrolaineahi
מיקרוגל
köögikaal
מאזני מטבח
röster
טוסטר
pesuvahend
חומר ניקוי
ahi
תנור
sügavkülmik
מקפיא
prügikast
פח אשפה
nõudepesumasin
מדיח כלים

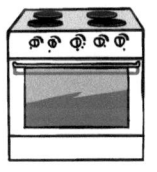

pliit
תנור

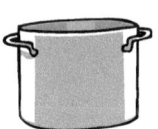

pott
סיר

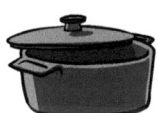

malmpott
סיר ברזל

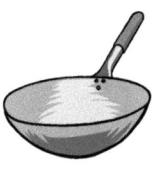

vokkpann
ווק

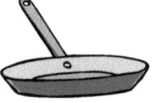

pann
מחבת

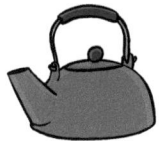

veekeetja
קומקום חשמלי

aurutaja

מאדה

küpsetusplaat

מגש אפייה

lauanõud

כלי אוכל

kruus

ספל

kauss

קערה

söögipulgad

צ'ופסטיקס

kulp

מצקת

pannilabidas

מרית

vispel

מטרפה

kurn

מסננת בישול

sõel

מסננת

riiv

מגרדת

uhmer

מכתש

grill

גריל

lahtine tuli

מדורה

lõikelaud

קרש חיתוך

tainarull

מערוך

korgitser

פותחן פקקים

konservipurk

פחית

konserviavaja

פותחן קופסאות

pajakinnas

מטלית

kraanikauss

כיור

hari

מברשת

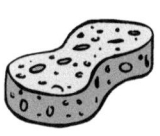

pesukäsn

ספוג

kannmikser

בלנדר

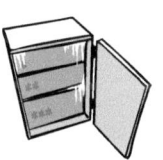

sügavkülmuti

מקפיא

lutipudel

בקבוק לתינוק

segisti

ברז

vannituba

חדר אמבטיה

küte
חימום
käterätik
מגבת
dušš
מקלחת
dušikardin
וילון מקלחת
mullivann
אמבטיית קצף
vann
אמבטיה
klaas
כוס
pesumasin
מכונת כביסה
segisti
ברז
plaadid
אריחים
pissipott
סיר לילה
kraanikauss
כיור

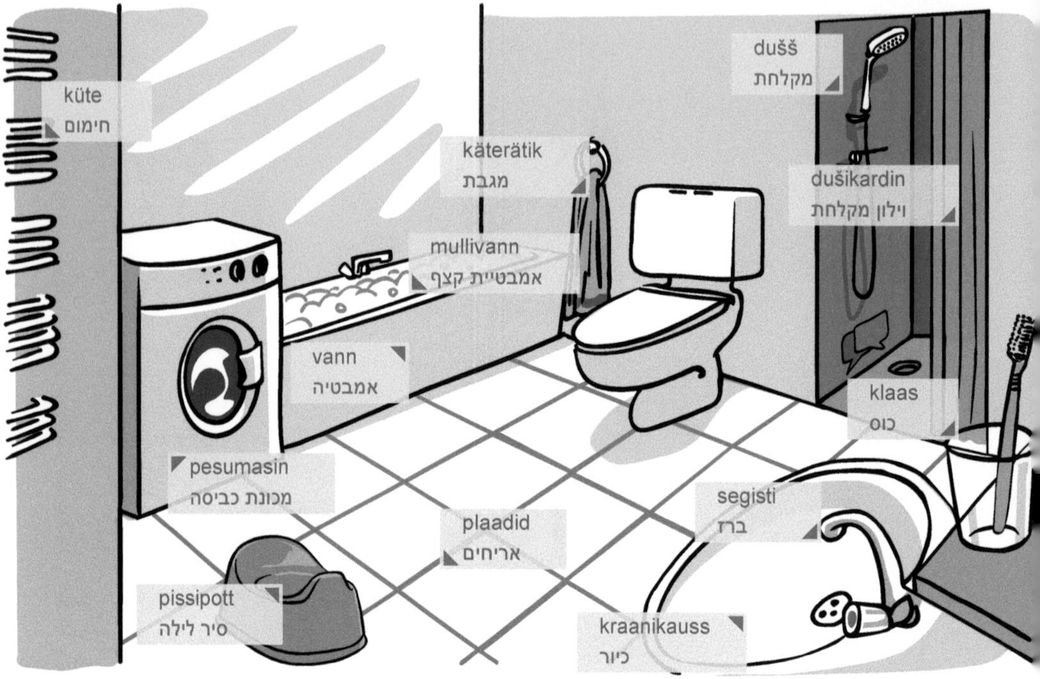

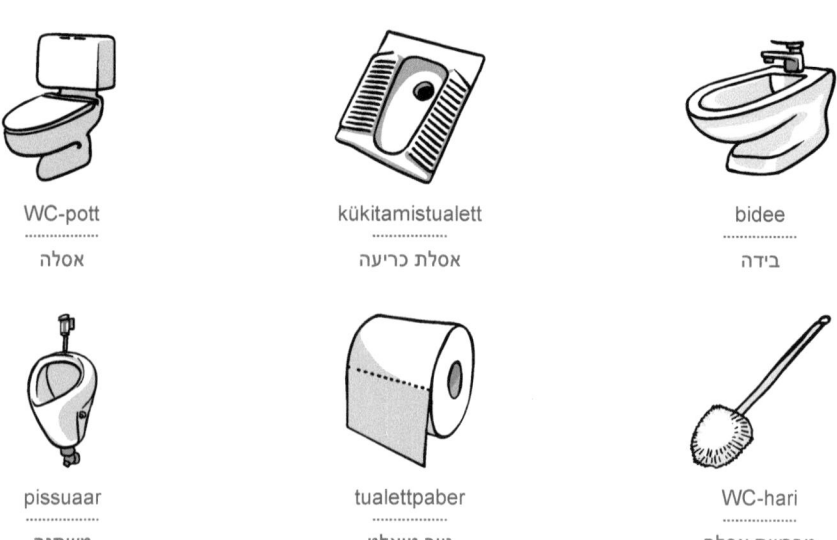

WC-pott

אסלה

kükitamistualett

אסלת כריעה

bidee

בידה

pissuaar

משתנה

tualettpaber

נייר טואלט

WC-hari

מברשת אסלה

hambahari

מברשת שיניים

hambapasta

משחת שיניים

hambaniit

חוט דנטלי

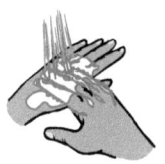

pesema

שטף

käsidušš

מקלחת יד

intiimdušš

צינור שטיפה לשירותים

pesukauss

קערת רחצה

seljahari

מברשת גב

seep

סבון

dušigeel

ג'ל רחצה

šampoon

שמפו

vamm

ליפה

äravool

ניקוז

kreem

קרם

deodorant

דיאודורנט

peegel

מראה

käsipeegel

מראת יד

habemenuga

סכין גילוח

raseerimisvaht

קצף גילוח

habemevesi

אפטרשייב

kamm

מסרק

hari

מברשת

föön

מייבש שיעור

juukselakk

ספריי לשיער

meigikomplekt

איפור

huulepulk

שפתון

küünelakk

לק

vatt

צמר גפן

küünekäärid

מספריים לציפורניים

parfüüm

בושם

tualett-tarvete kott

תיק כלי רחצה

taburet

שרפרף

kaal

משקל

hommikumantel

חלוק רחצה

kummikindad

כפפות גומי

tampoon

טמפון

hügieeniside

תחבושת סניטרית

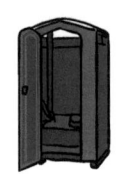

keemiline tualett

שירותים כימיקליים

lastetuba

חדר ילדים

äratuskell
שעון מעורר
pehme mänguasi
צעצוע חיבוק
mänguauto
מכונית צעצוע
kõristi
רעשן
nukumaja
בית בובות
kingitus
מתנה

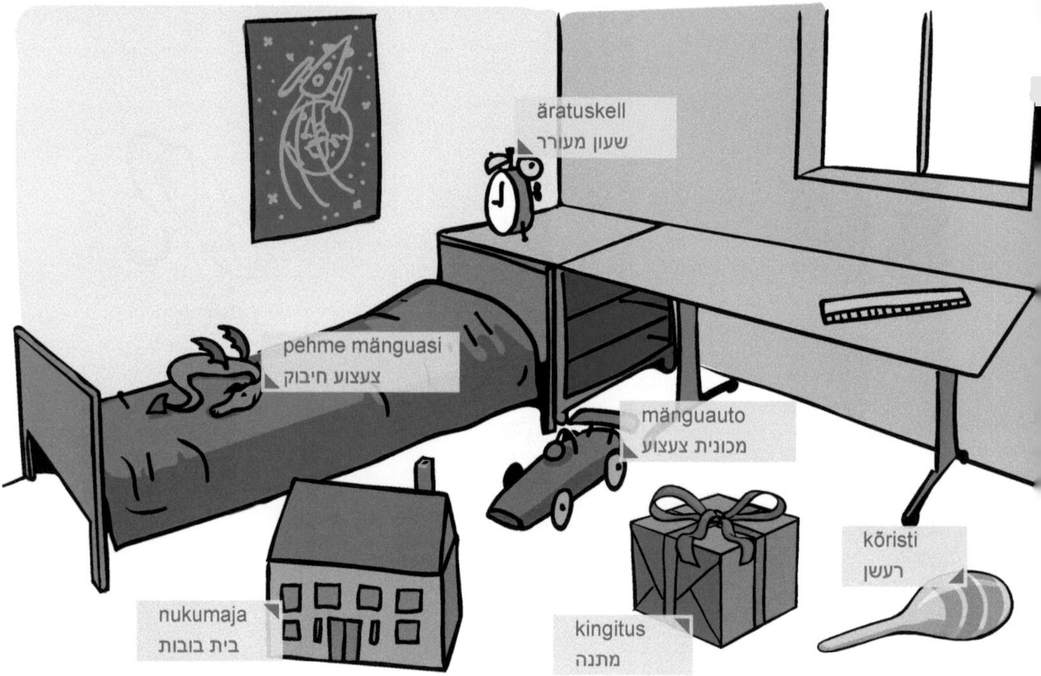

õhupall

בלון

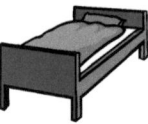

voodi

מיטה

lapsevanker

עגלה

kaardipakk

משחק קלפים

pusle

פאזל

koomiks

קומיקס

Lego klotsid

לגו

klotsid

קוביות משחק

kujuke

דמות משחק

siputuspüksid

סרבל תינוקות

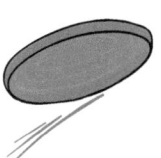

lendav taldrik

פריזבי

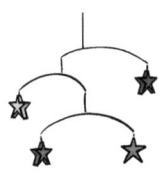

voodikarussell

נייד

lauamäng

משחק לוח

täringud

קוביה

mudelrong

רכבת צעצוע

lutt

מוצץ

pidu

מסיבה

pildiraamat

אלבום תמונות

pall

כדור

nukk

בובה

mängima

שיחק

liivakast

ארגז חול

kiik

נדנדה

mänguasjad

צעצועים

mängukonsool

קונסולת משחקים

kolmerattaline jalgratas

אופניים תלת גלגלי

mängukaru

דובון

riidekapp

ארון בגדים

riietus

בגדים

sokid

גרביים

sukad

גרביונים

sukkpüksid

גרביון

sall
צעיף

vihmavari
מטריה

T-särk
חולצת טי

vöö
חגורה

saapad
מגפיים

sussid
נעלי בית

tossud
נעלי ספורט

sandaalid
....
סנדלים

jalatsid
....
נעליים

kummikud
....
מגפי גומי

aluspüksid
....
תחתונים

rinnahoidja
....
חזייה

vest
....
וסט

bodi

גוף

püksid

מכנסיים

teksapüksid

ג'ינס

seelik

חצאית

pluus

חולצה מכופתרת

särk

חולצה

sviiter

אפודה

dressipluus

סווצ'ר עם קפוצ'ון

bleiser

בלייזר

jakk

ז'קט

mantel

מעיל

vihmamantel

מעיל גשם

kostüüm

תלבושת

kleit

שמלה

pulmakleit

שמלת כלה

ülikond

חליפה

öösärk

כותונת לילה

pidžaama

פיג'מה

sari

סארי

pearätt

מטפחת ראש

turban

טורבן

burka

בורקה

kaftan

קאפטן

abayah

עבאיה

ujumistrikoo

בגד ים

ujumispüksid

בגד ים

lühikesed püksid

מכנסיים קצרים

dressid

בגד אימון

põll

סינר

kindad

כפפות

nööp

כפתור

prillid

משקפיים

käevõru

צמיד יד

kaelakee

שרשרת

sõrmus

טבעת

kõrvarõngas

עגיל

nokamüts

כובע

riidepuu

קולב

kaabu

כובע

lips

עניבה

tõmblukk

רוכסן

kiiver

קסדה

traksid

כתפיות

koolivorm

תלבושת בית ספר

vormirõivad

מדים

pudipõll

מפית אוכל

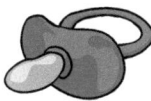

lutt

מוצץ

mähe

חיתול

kontor

משרד

server
שרת

arhiivikapp
תיקייה

printer
מדפסת

paber
נייר

monitor
מסך

hiir
עכבר

kirjutuslaud
שולחן עבודה

kaust
תיק

klaviatuur
מקלדת

paberikorv
סל נייר

arvuti
מחשב

tool
כסא

kohvikruus

ספל קפה

kalkulaator

מחשבון

internet

אינטרנט

sülearvuti

מחשב נייד

kiri

מכתב

sõnum

הודעה

mobiiltelefon

נייד

võrk

רשת

koopiamasin

מכונת צילום

tarkvara

תוכנה

telefon

טלפון

pistikupesa

שקע

faksimasin

פקס

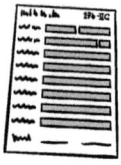

vorm

טופס

dokument

מסמך

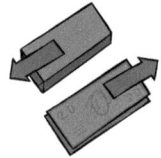

ostma

קנה

maksma

שילם

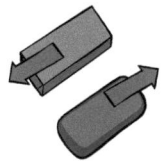

vahetama

סחר

raha

כסף

dollar

דולר

euro

יורו

jeen

ין

rubla

רובל

Šveitsi frank

פרנק שווייצרי

renminbi jüaan

יואן רנמינבי

ruupia

רופי

sularahaautomaat

כספומט

valuutavahetuspunkt

המרת מטבע

kuld

זהב

hõbe

כסף

nafta

נפט

energia

אנרגיה

hind

מחיר

leping

חוזה

maks

מס

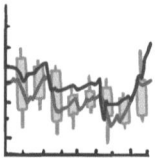

aktsia

מנייה

töötama

עבד

töötaja

עובד

tööandja

מעסיק

tehas

מפעל

kauplus

חנות

ametid
מקצועות

politseinik
שוטר
tuletõrjuja
כבאי
kokk
טבח
arst
רופא
piloot
טייס

aednik

גנן

puusepp

נגר

õmbleja

תופרת

kohtunik

שופט

keemik

כימאי

näitleja

שחקן

bussijuht

נהג אוטובוס

taksojuht

נהג מונית

kalamees

דייג

koristaja

עובדת נקיון

katusepaigaldaja

מתקן גגות

kelner

מלצר

jahimees

צייד

maaler

צייר

pagar

אופה

elektrik

חשמלאי

ehitaja

עובד בניין

insener

מהנדס

lihunik

קצב

torumees

אינסטלטור

postiljon

דוור

sõdur

חייל

arhitekt

אדריכל

kassapidaja

קופאי

lillemüüja

מוכר פרחים

juuksur

ספר

piletikontrolör

כרטיסן

mehaanik

מכונאי

kapten

קברניט

hambaarst

רופא שיניים

teadlane

מדען

rabi

רב

imaam

אימאם

munk

נזיר

preester

כומר

tööriistad

כלי עבודה

haamer
פטיש
tangid
צבת
kruvikeeraja
מברג
mutrivõti
מפתח ברגים
taskulamp
פנס

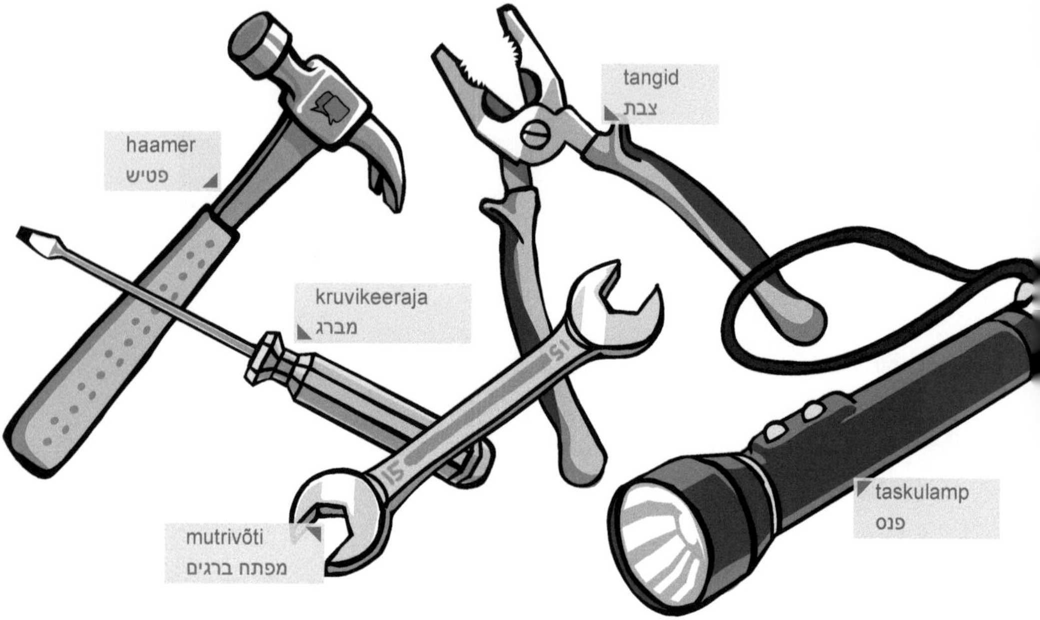

ekskavaator

דחפור

tööriistakast

ארגז כלים

redel

סולם

saag

מסור

naelad

מסמרים

trell

מקדחה

parandama

תיקון

labidas

את חפירה

Põrgusse!

לעזאזל!

kühvel

יעה

värvipott

פח צבע

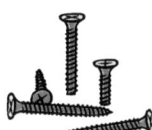

kruvid

ברגים

pillid

כלי נגינה

kõlar
רמקול
trummikomplekt
מערכת תופים
kitarr
גיטרה
kontrabass
קונטראבס
trompet
חצוצרה

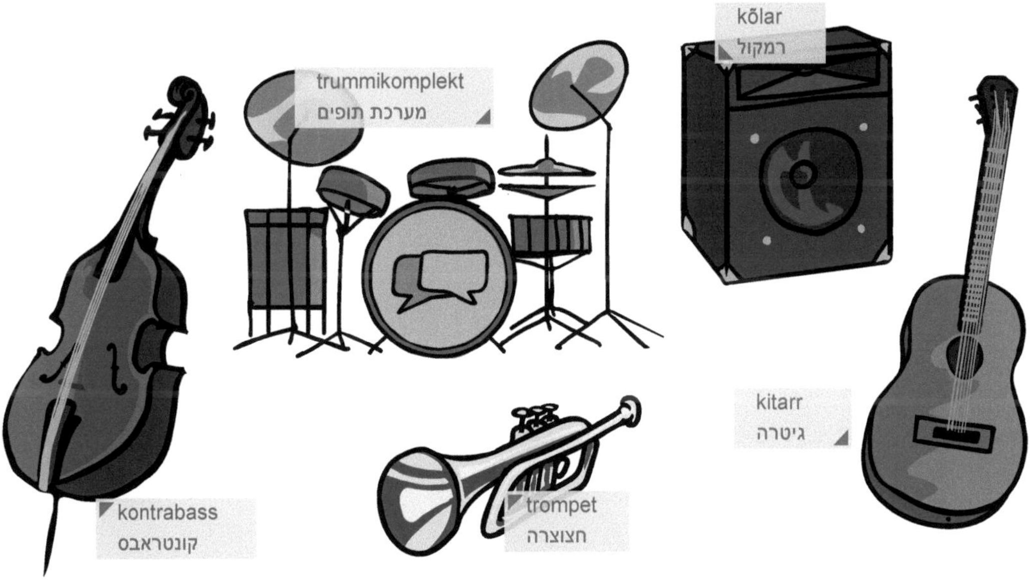

klaver

פסנתר

viiul

כינור

bass

בס

timpan

תוף הדוד

trummid

תופים

süntesaator

מקלדת פסנתר

saksofon

סקסופון

flööt

חליל

mikrofon

מיקרופון

loomaaed

גן חיות

sissepääs
כניסה
tiiger
נמר
puur
כלוב
sebra
זברה
loomasööt
מזון לחיות
panda
פנדה

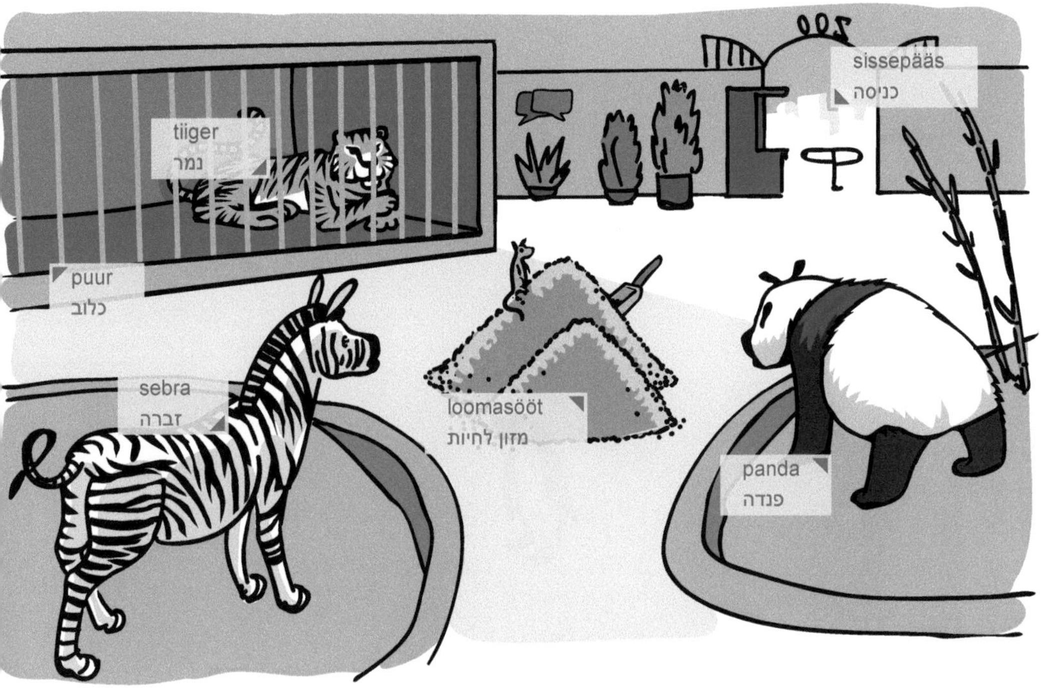

loomad

בעלי חיים

elevant

פיל

känguru

קנגרו

ninasarvik

קרנף

gorilla

גורילה

karu

דוב

kaamel

גמל

jaanalind

יען

lõvi

אריה

ahv

קוף

flamingo

פלמינגו

papagoi

תוכי

jääkaru

דוב הקרח

pingviin

פינגווין

hai

כריש

paabulind

טווס

madu

נחש

krokodill

תנין

loomaaiatalitaja

שומר גן החיות

hüljes

כלב ים

jaaguar

יגואר

poni

סוס פוני

leopard

לאופרד

jõehobu

היפופוטאם

kaelkirjak

ג'ירפה

kotkas

נשר

metssiga

חזיר בר

kala

דג

kilpkonn

צב

morsk

סוס ים

rebane

שועל

gasell

איילה

sport
ספורט

Ameerika jalgpall
פוטבול אמריקאי
jalgrattasõit
רכיבת אופניים
tennis
טניס
korvpall
כדורסל
ujumine
שחיה
jäähoki
הוקי
poksimine
אגרוף

jalgpall

כדורגל

sulgpall

בדמינטון

kergejõustik

אתלטיקה

käsipall

כדור-יד

suusatamine

עשה סקי

polo

פולו

tegevused
פעילויות

hüppama
קפץ
kallistama
חיבק
naerma
צחק
jalutama
הלך
laulma
שר
unistama
חלם
palvetama
התפלל
suudlema
נשק

kirjutama
כתב

joonistama
צייר

näitama
הראה

lükkama
דחף

andma
נתן

võtma
לקח

omama

יש / להיות הבעלים

tegema

עשה

olema

היה

seisma

עמד

jooksma

רץ

tõmbama

משך

viskama

זרק

kukkuma

נפל

lamama

שכב

ootama

חיכה

kandma

סחב

istuma

ישב

riidesse panema

התלבש

magama

ישן

ärkama

התעורר

vaatama

הסתכל ב-

nutma

בכה

paitama

ליטף

kammima

סירק

rääkima

דיבר

aru saama

הבין

küsima

שאל

kuulama

שמע

jooma

שתה

sööma

אכל

korrastama

סידר

armastama

אהב

süüa tegema

בישל

sõitma

נהג

lendama

עף

purjetama

שט

arvutama

חישב

lugema

קרא

õppima

למד

töötama

עבד

abielluma

התחתן

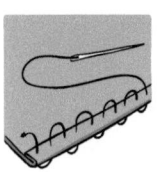

õmblema

תפר

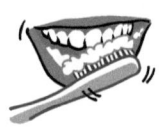

hambaid pesema

ציחצח שיניים

tapma

הרג

suitsetama

עישן

saatma

שלח

vanaema
סבתא

vanaisa
סבא

isa
אבא

ema
אימא

imik
תינוק

tütar
בת

poeg
בן

külaline

אורח

tädi

דודה

onu

דוד

vend

אח

õde

אחות

keha

גוף

otsmik
מצח
silm
עין
nägu
פנים
lõug
סנטר
rind
חזה
sõrm
אצבע
käsi
כף יד
käsivars
זרוע
õlg
כתף
jalg
רגל

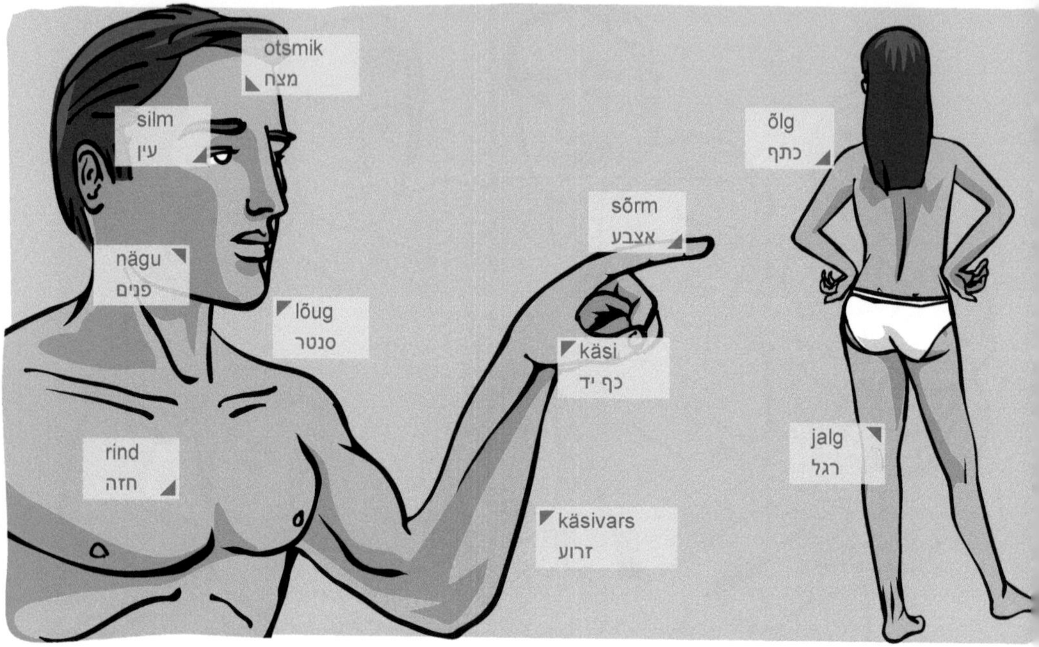

imik
תינוק

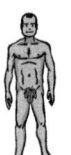

mees
איש

naine
אישה

tüdruk
ילדה

poiss
ילד

pea
ראש

selg

גב

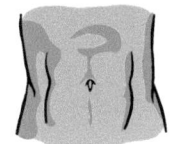

kõht

בטן

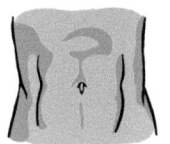

naba

טבור

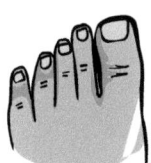

varvas

אצבע

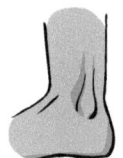

kand

עקב

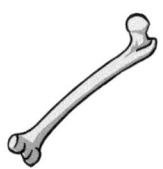

luu

עצם

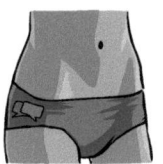

puus

ירך

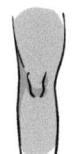

põlv

ברך

küünarnukk

מרפק

nina

אף

tagumik

עכוז

nahk

עור

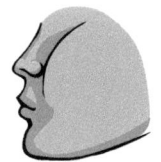

põsk

לחי

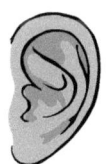

kõrv

אוזן

huuled

שפתיים

suu

פה

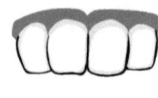

hammas

שן

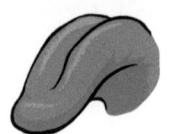

keel

לשון

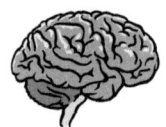

aju

מוח

süda

לב

lihas

שריר

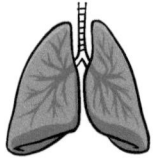

kops

ריאה

maks

כבד

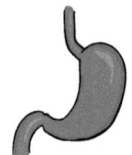

magu

קיבה

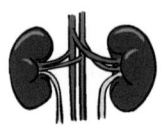

neerud

כליות

seksuaalvahekord

מין

kondoom

קונדום

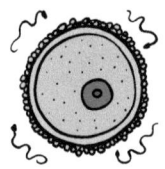

munarakk

ביצית

sperma

זרע

rasedus

הריון

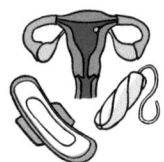

menstruatsioon

ווסת

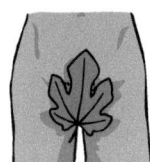

vagiina

נרתיק

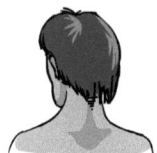

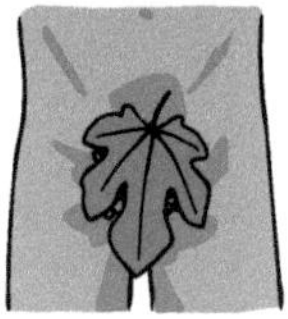

peenis

פין

kulm

גבה

juuksed

שיער

kael

צוואר

haigla

בית חולים

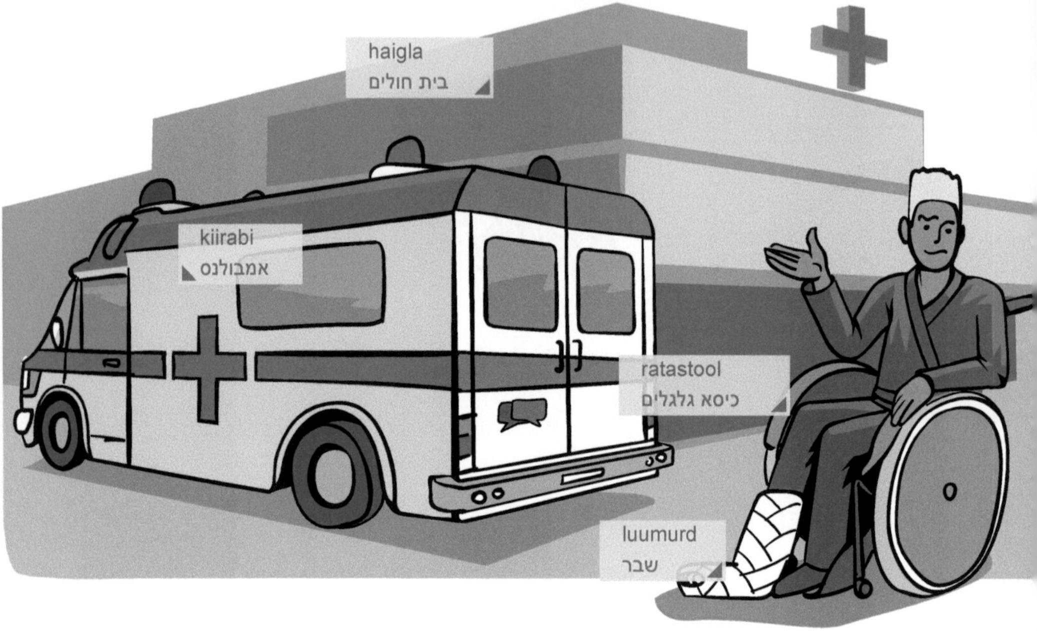

haigla
בית חולים
kiirabi
אמבולנס
ratastool
כיסא גלגלים
luumurd
שבר

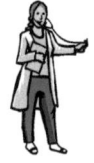

arst

רופא

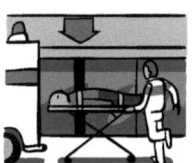

traumapunkt

חדר מיון

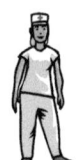

meditsiiniõde

אחות

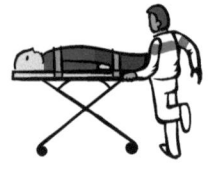

hädaolukord

חירום

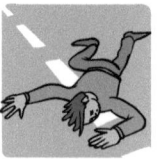

teadvuseta

חסר הכרה

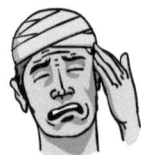

valu

כאב

vigastus

פציעה

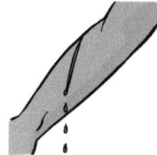

verejooks

דימום

südamerabandus

התקף לב

insult

שבץ

allergia

אלרגיה

köha

שיעול

palavik

חום

gripp

שפעת

kõhulahtisus

שלשול

peavalu

כאב ראש

vähk

סרטן

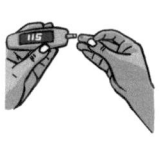

diabeet

סוכרת

kirurg

מנתח

skalpell

אזמל

operatsioon

ניתוח

KT

סי-טי

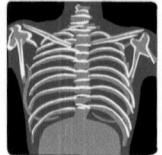

röntgen

רנטגן

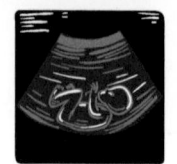

ultraheli

אולטרסאונד

mask

מסיכת פנים

haigus

מחלה

ooteruum

חדר המתנה

kark

קבה

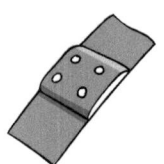

kips

פלסטר

side

תחבושת

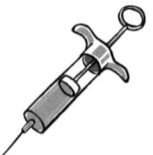

süst

זריקה

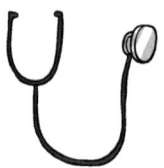

stetoskoop

סטטוסקופ

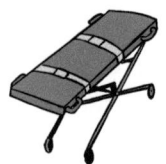

kanderaam

אלונקה

kraadiklaas

מד חום

sünd

לידה

ülekaaluline

עודף משקל

kuuldeaparaat

מכשיר שמיעה

desinfektsioonivahend

מחטא

põletik

זיהום

viirus

נגיף

HIV / AIDS

איידס

meditsiin

תרופה

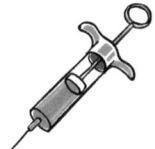

vaktsineerimine

חיסון

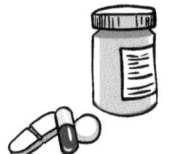

tabletid

טבליות

pill

גלולה

hädaabikõne

קריאת חירום

vererõhuaparaat

מד לחץ דם

haige / terve

חולה / בריא

hädaolukord

חירום

Appi!

הצילו!

häire

אזעקה

kallaletung

פשיטה

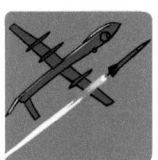

rünnak

תקיפה

oht

סכנה

avariiväljapääs

יציאת חירום

Tulekahju!

אש!

tulekustuti

מטף כיבוי

õnnetus

תאונה

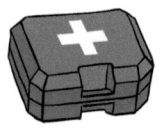

esmaabikomplekt

ערכת עזרה ראשונה

SOS

הצילו!

politsei

משטרה

Maa
כדור הארץ

Euroopa

אירופה

Põhja-Ameerika

צפון אמריקה

Lõuna-Ameerika

דרום אמריקה

Aafrika

אפריקה

Aasia

אסיה

Austraalia

אוסטרליה

Atlandi ookean

האוקיינוס האטלנטי

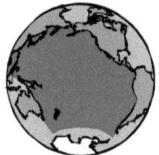

Vaikne ookean

האוקיינוס השקט

India ookean

האוקיינוס ההודי

Lõuna-Jäämeri

האוקיינוס האנטרקטי

Põhja-Jäämeri

האוקיינוס הארקטי

põhjapoolus

הקוטב הצפוני

lõunapoolus

הקוטב הדרומי

Antarktika

אנטארקטיקה

Maa

כדור הארץ

maismaa

אדמה

meri

ים

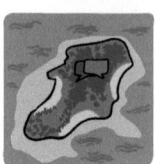

saar

אי

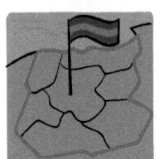

rahvus

לאום

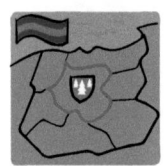

riik

מדינה

kell
שעון

sihverplaat

פני השעון

tunniosuti

מחוג השעות

minutiosuti

מחוג הדקות

sekundiosuti

מחוג השניות

Mis kell on?

מה השעה?

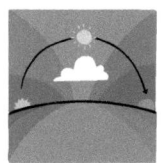

päev

יום

aeg

זמן

praegu

עכשיו

digitaalne kell

שעון דיגיטלי

minut

דקה

tund

שעה

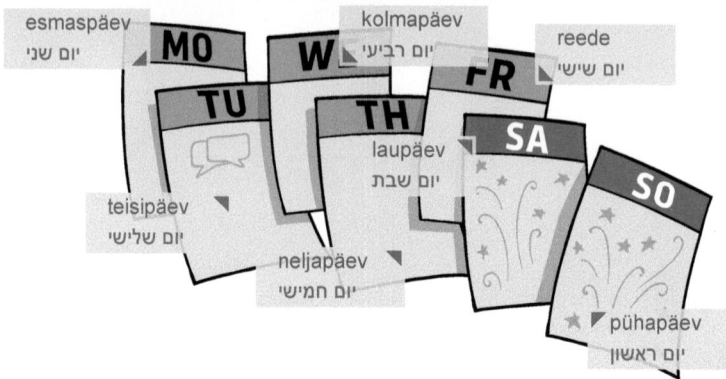

nädal

שבוע

esmaspäev
יום שני
kolmapäev
יום רביעי
reede
יום שישי
laupäev
יום שבת
teisipäev
יום שלישי
neljapäev
יום חמישי
pühapäev
יום ראשון

eile

אתמול

täna

היום

homme

מחר

hommik

בוקר

lõuna

צהריים

õhtu

ערב

tööpäevad

ימי עבודה

nädalavahetus

סוף שבוע

aasta
שנה

vihm
גשם
vikerkaar
קשת בענן
lumi
שלג
tuul
רוח
kevad
אביב
sügis
סתיו
suvi
קיץ
talv
חורף

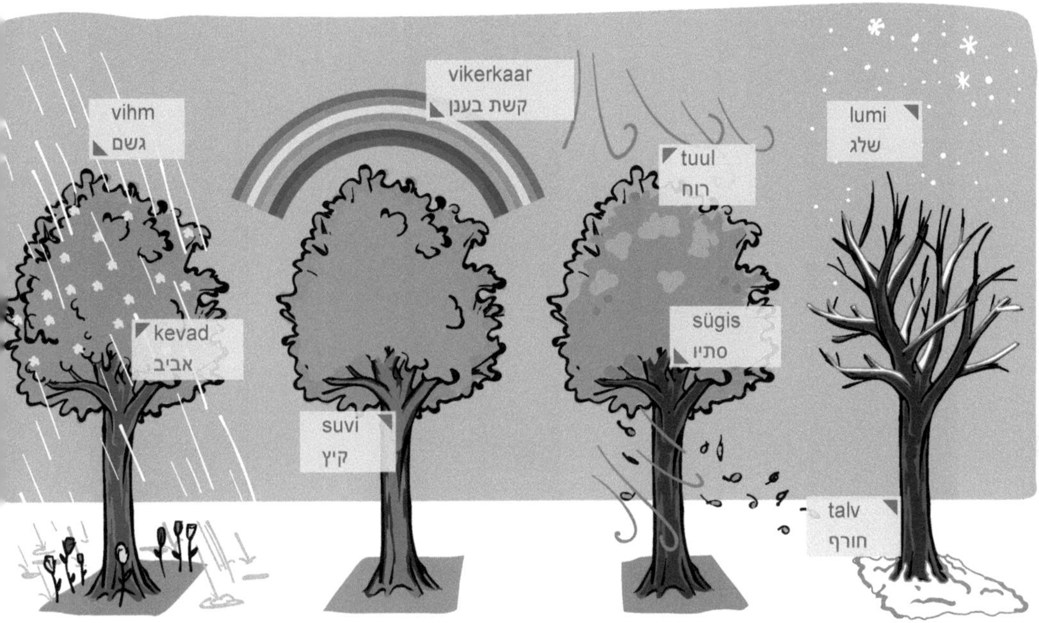

ilmaennustus
....
תחזית מזג האוויר

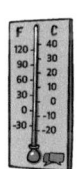

termomeeter
....
מד חום

päikesepaiste
....
אור שמש

pilv
....
ענן

udu
....
ערפל

niiskus
....
לחות

pikne

ברק

kõu

רעם

torm

סערה

rahe

ברד

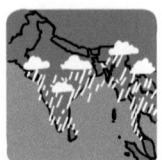

mussoon

רוח עונתי

üleujutus

שיטפון

jää

קרח

jaanuar

ינואר

veebruar

פברואר

märts

מרץ

aprill

אפריל

mai

מאי

juuni

יוני

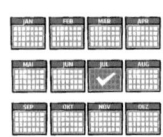

juuli

יולי

august

אוגוסט

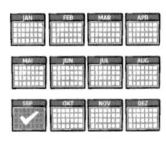

septerber

ספטמבר

oktoober

אוקטובר

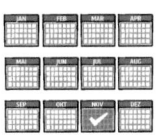

november

נובמבר

detsember

דצמבר

kujundid

צורות

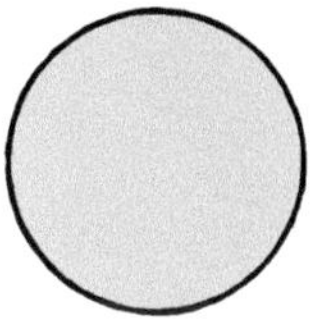

ring

עיגול

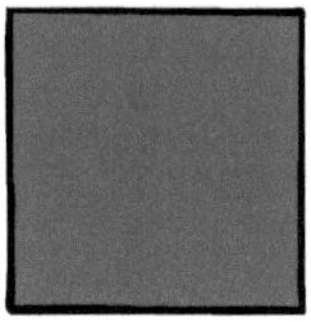

ruut

מרובע

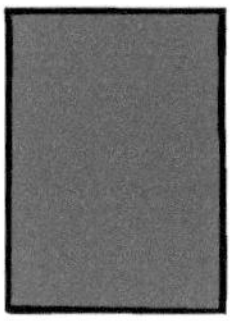

nelinurk

מלבן

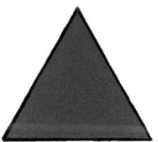

kolmnurk

משולש

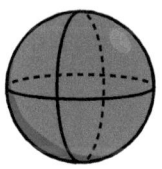

kera

כדור

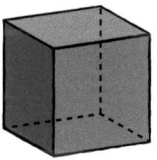

kuup

קובייה

värvid

צבעים

valge

לבן

kollane

צהוב

oranž

כתום

roosa

ורוד

punane

אדום

lilla

סגול

sinine

כחול

roheline

ירוק

pruun

חום

hall

אפור

must

שחור

vastandid

הפכים

palju / vähe

הרבה / מעט

vihane / rahulik

כועס / רגוע

ilus / inetu

יפה / מכוער

algus / lõpp

התחלה / סוף

suur / väike

גדול / קטן

hele / tume

בהיר / כהה

vend / õde

אח / אחות

puhas / must

נקי / מלוכלך

täielik / puudulik

שלם / חלקי

päev / öö

יום /לילה

surnud / elus

מת / חי

lai / kitsas

רחב / צר

söödav / mittesöödav

אכיל / לא אכיל

kuri / sõbralik

רשע / טוב לב

põnevil / tüdinud

מתרגש / משועמם

paks / peenike

שמן / רזה

esimene / viimane

ראשון / אחרון

sõber / vaenlane

חבר / אויב

täis / tühi

מלא / ריק

kõva / pehme

קשה / רך

raske / kerge

כבד / קל

nälg / janu

רעב / צמא

haige / terve

חולה / בריא

ebaseaduslik / seaduslik

בלתי-חוקי / חוקי

tark / rumal

נבון / טיפש

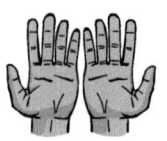

vasak / parem

שמאל / ימין

lähedal / kaugel

קרוב / רחוק

uus / kasutatud

חדש / משומש

mitte midagi / midagi

כלום / משהו

vana / noor

זקן / צעיר

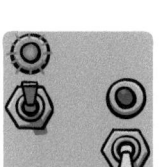

sees / väljas

פעיל / כבוי

lahti / kinni

פתוח / סגור

vaikne / vali

שקט / רועש

rikas / vaene

עשיר / עני

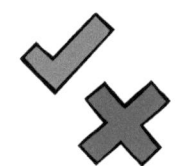

õige / vale

נכון / שגוי

kare / sile

מחוספס / חלק

kurb / rõõmus

עצוב / שמח

lühike / pikk

קצר / ארוך

aeglane / kiire

איטי / מהיר

märg / kuiv

רטוב / יבש

soe / jahe

חם / קר

sõda / rahu

מלחמה / שלום

numbrid

מספרים

0	1	2
null	üks	kaks
אפס	אחת	שתיים
3	4	5
kolm	neli	viis
שלוש	ארבע	חמש
6	7	8
kuus	seitse	kaheksa
שש	שבע	שמונה
9	10	11
üheksa	kümme	üksteist
תשע	עשר	אחת-עשרה

12

kaksteist

שתים-עשרה

13

kolmteist

שלוש-עשרה

14

neliteist

ארבע-עשרה

15

viisteist

חמש-עשרה

16

kuusteist

שש-עשרה

17

seitseteist

שבע-עשרה

18

kaheksateist

שמונה-עשרה

19

üheksateist

תשע-עשרה

20

kakskümmend

עשרים

100

sada

מאה

1.000

tuhat

אלף

1.000.000

miljon

מיליון

keeled

שפות

inglise

אנגלית

Ameerika inglise

אנגלית אמריקאית

mandariini

סינית מנדרינית

hindi

הודית

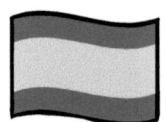

hispaania

ספרדית

prantsuse

צרפתית

araabia

ערבית

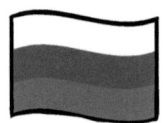

vene

רוסית

portugali

פורטוגזית

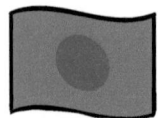

bengali

בנגלית

saksa

גרמנית

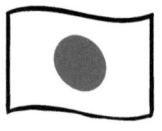

jaapani

יפנית

kes / mis / kuidas
מי / מה / איך

mina
אני

sina
אתה / את

tema
הוא / היא / זה

meie
אנחנו

teie
אתם

nemad
הם

kes?
מי?

mis?
מה?

kuidas?
איך?

kus?
איפה?

millal?
מתי?

nimi
שם

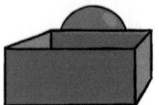

taga

מאחור

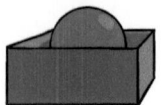

sees

בתוך

ees

לפני

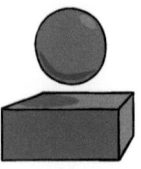

kohal

מעל

peal

על

all

מתחת

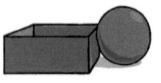

kõrval

ליד

vahel

בין

koht

מקום